Les Allures de l'élégance

LES VOILES DE ST-BARTH

Elegant points of sail

Les Allures de l'élégance

LES VOILES DE ST-BARTH

Elegant points of sail

ÉDITIONS CERCLE D'ART

USA
25555
RAMBLER
USA
60669

Remerciements
Acknowledgements

L'éditeur remercie les organisateurs des Voiles de Saint Barth,
François Tolède, directeur organisation ; Luc Poupon, directeur de course ;
Alexandra Lemarchand, responsable de la communication ;
Xavier Marchal, directeur logistique, ainsi que Christophe Jouany, photographe,
pour leur confiance et leur participation à la réalisation de cet ouvrage.

The publisher would like to thank the organizers of the Voiles de Saint Barth,
François Tolède, the Organization Director; Luc Poupon, the Race Director;
Alexandra Lemarchand, the communication manager;
Xavier Marchal, the logistic manager, and Christophe Jouany, the photographer,
for their trust and for their help in producing this book.

Il exprime toute sa gratitude à **RICHARD MILLE** et à Veuve Clicquot
pour leur concours à la présente édition et sans lesquels
cet ouvrage n'aurait pu voir le jour.

The publisher would also like to thank Richard Mille and Veuve Clicquot,
without whose support the publication of this book would not have been possible.

Que soient également remerciés Gaastra, le partenaire officiel des Voiles de Saint Barth ;
ainsi que les partenaires Gold : Veuve Clicquot, la Collectivité de Saint-Barthélemy,
et la Banque des Antilles Françaises ;
les partenaires Silver : Wimco Villas & Hotels, Domaines OTT, San Pellegrino, Mount Gay Rum,
Domaine du Tariquet, RMP Caraïbes, Highfield Boats, Boatinox, et Lierac ;
les partenaires institutionnels : Caribbean Sailing Association, Saint Barth Yacht Club,
Comité Territorial de Tourisme de Saint-Barthélemy, et le Port de Gustavia ;
et les partenaires organisation : Avis, Budget, My Car SBH, Dauphin Telecom, ITEC Services, et Lavazza.

Many thanks also to Gaastra, the official partner of Les Voiles de Saint Barth;
as well as the Gold partners: Veuve Clicquot, the Overseas Collectivity of Saint-Barthélemy
and the Banque des Antilles Françaises;
the Silver partners: Wimco Villas & Hotels, Domaines OTT, San Pellegrino, Mount Gay Rum,
Domaine du Tariquet, RMP Caraïbes, Highfield Boats, Boatinox, and Lierac;
the institutional partners: Caribbean Sailing Association, Saint Barth Yacht Club,
the Saint Barth's Tourist Office, and the Port of Gustavia;
and the organizational partners: Avis, Budget, My Car SBH, Dauphin Telecom, ITEC Services, and Lavazza.

Photographies : Christophe Jouany
Textes : Servane Dorléans
English translation: Mark Whitaker

ISBN : 978 2 7022 1037 6

Sommaire
Contents

Le photographe

Christophe Jouany découvrit très jeune sa passion pour la photographie lorsque son père lui offrit son premier appareil photo. Né en France et élevé dans les beaux paysages des Alpes, puis à Paris et dans les Caraïbes, il tomba amoureux des grands espaces. De là la variété de son expression stylistique qui continue de nourrir son travail en énergie et en qualité. Après avoir filmé les sports de l'extrême et maîtrisé l'art de photographier ses propres aventures, il mit un terme à sa brève carrière de pilote de ligne pour aller vivre à New York sa passion de l'image. Sa connaissance intime de la montagne, du désert et de la mer lui a permis de voyager aux quatre coins du globe, en répondant à des commandes pour la publicité, pour des célébrités, pour des reportages et des couvertures de grands magazines de mode. Il a particulièrement apprécié d'être le photographe officiel des six dernières éditions des Voiles de St-Barth.

The photographer

Christophe Jouany fell in love with photography at a very young age when his father gave him his first camera. Christophe was born in France and grew up in the French Alps, before moving to Paris and the Caribbean. The variety and beauty of these areas would forge his love of nature and the outdoors and define his style. Today, the power of nature continues to permeate his work. He started out directing extreme sport films and mastered the art of capturing stills of his adventures. After a brief career as an airline pilot, he moved to NYC in 1984 to pursue his passion for photography. His knowledge of the mountains, desert and sea took him to the four corners of the globe. He worked on advertising campaigns, photographing celebrities as well as covers and stories for leading fashion magazines. For the past six years he enjoyed being the official photographer of Les Voiles de St-Barth.

Cap sur Saint-Barth

Set sail for St. Barths

« Terre, terre », hurla un jour la vigie de la *Marie-Galante*, et un certain Christophe Colomb de débarquer sur une terre nouvelle, Ouanalao, alors habitée par les Arawaks. Le conquistador génois, qui s'est lancé en 1493 pour le compte du royaume d'Espagne dans une seconde expédition avec une flotte de dix-sept caravelles, baptise l'île du prénom de son jeune frère, Bartolomeo. Ce nom sera francisé au XVIIe siècle en Saint-Barthélemy, ou Saint-Barth. Quant au petit frère, désormais célèbre grâce à la bienveillance de son aîné, il finira enchaîné en 1500… en Espagne.

Peuplé en grande partie de marins et d'Indiens autochtones, le territoire ne cesse de changer de mains au fil des siècles. Conquise, reconquise, terre de multiples révoltes et de carnages, Saint-Barthélemy appartint même étonnamment à des Suédois qui seront poliment invités, à l'issue d'un vote, à reprendre la mer. Seul un Viking, marié à une Suédoise qui lui donna six filles, put demeurer sur la terre promise. L'histoire raconte que ces dernières devaient rester vierges pour l'éternité.

Les Bretons et les Normands rencontrent plus de succès dans leur conquête. Non sans mal, ils réussissent à inscrire leurs gènes sur ce territoire. « En 1648, les Français débarquent cent Normands qui se font aussitôt rôtir par les Indiens caraïbes », raconte en effet à la fin des années soixante le volubile Jean Raspail, dans *Secouons le cocotier.*

"Land ho, land ho!" shouted a sailor one day, sitting at the top of the mast of the *Maria Galanda*. Shortly after, a certain Christopher Columbus set foot in a new land, Ouanalao, inhabited at the time by Arawaks. The Genoese conquistador, who in 1493 launched a second expedition with a fleet of 17 caravels on behalf of the Kingdom of Spain, named the island after his younger brother, Bartolomeo. In the 17th century, the little island's name was changed to French and became "Saint-Barthélemy" (or St. Barths for English speakers). As for the little brother, who had become famous thanks to the benevolence of his elder brother, he would end up in chains in 1500… in Spain.

Essentially inhabited by seafarers and native Indians, the island changed hands several times over the centuries. Conquered then recaptured, the land was the scene of many revolts and much bloodshed. Surprisingly, Saint-Barthélemy was even owned by Sweden. However, this would end when the Swedes were politely asked to return to sea after a vote. Only one Viking, married to a Swedish woman who gave him six daughters, was allowed to stay in this promised land. History recounts that the girls remained virgins forever.

The Bretons and Normans were more successful in their conquest. They managed to settle and mark the land with their bloodline, although not without difficulty. "In 1648, the French sent one hundred Normans ashore, who were immediately roasted by the Carib Indians," wrote the Jean Raspail in the late 1960s, in his book *Secouons le cocotier (Let's Shake the Coconut Tree).*

Pourtant, dix ans plus tard, une deuxième vague de Normands réussit à échapper aux agressions et à planter leur drapeau sur le sol. À leurs côtés quelques Bretons et Poitevins, qui seront près de 600 en 1740 après avoir joué la carte de la reproduction naturelle. Non seulement ils n'abandonneront jamais cette terre, mais personne ne parviendra plus à les en déloger.

Pourtant un nouveau chapitre suédois s'est ouvert au XVIIIe siècle, lorsque la France a échangé l'île avec le roi Gustave III de Suède contre un droit d'accès des navires français au port et aux entrepôts de Göteborg, cité portuaire depuis sa fondation, en 1621. C'est lui qui, conscient de son emplacement stratégique et désireux de rentabiliser son acquisition, déclare que Saint-Barthélemy sera exemptée de toutes taxes. Sur le chemin des Indes occidentales, ce port franc fait effectivement office de base de ravitaillement puisque les capitaines de navires de toutes factions y négocient leurs butins. C'est donc à la navigation commerciale que l'île doit sa prospérité jamais démentie puisqu'aujourd'hui ce sont encore plus de 2 000 navires qui y transitent chaque année. Les vestiges de ce précieux héritage suédois soigneusement conservé sont bien sûr évidents dans le nom de la capitale Gustavia, ainsi baptisée en hommage au roi Karl Gustav de Suède, mais également dans quelques rues, trois forts – Karl, Gustav et Oscar – un cimetière et une poignée de bâtiments.

Finalement rétrocédée à la France à la fin du XIXe, Saint-Barth continue au XXe d'accueillir de nouveaux arrivants,

Yet, ten years later, a second group of Normans would manage to stay alive, finally hoisting up their flag. Among them, were a few individuals from Brittany and Poitou who, after playing the natural reproduction card, almost reached a population of 600 in 1740. Not only would they never abandon this land, but nobody would ever drive them out.

Yet, a new Swedish chapter began in the 18th century, when France traded the island to King Gustav III of Sweden in exchange for the right for French ships to access the port and warehouses of Gothenburg, a port city since its foundation in 1621. Aware of the island's strategic location and eager to profit from the acquisition, the King of Sweden declared that St. Barths would be exempt from all taxes. The free port, located on the route to the West Indies, was used as a supply base where ship' captains of all factions came to sell their booty. Since then, maritime trade has played a great role in the economy of St. Barths. More than 2,000 ships still transit through the port each year. The island has preserved its precious Swedish heritage, notably through the name of the island's capital Gustavia, named after King Karl Gustav of Sweden, as well as a few street names, three forts – Karl, Gustav and Oscar –, a cemetery and a handful of buildings.

St. Barths was eventually sold back to France at the end of the 19th century and would continue to welcome newcomers through the 20th century, notably a few billionaires,

et non des moindres puisqu'il s'agit de quelques milliardaires qui, à la suite de Rockefeller tombé en 1957 sous le charme de l'île où il a rapidement acquis une grande propriété, viennent également s'y installer. Grand voyageur et connaisseur de cette partie du globe, le même Jean Raspail s'amuse d'ailleurs des tentatives d'aménagement de ce dernier: « Isolé sur son cap qu'on ne rejoint qu'en bateau, monsieur Rockefeller voudrait bien s'offrir une route, doublée d'une ligne électrique qui le relie à Gustavia. Et ils sont vingt-cinq à se tordre de rire, vingt-cinq paysans propriétaires sur le passage de la future route, qui finassent pour le plaisir. Devant un Normand qui finasse, même un Rockefeller se sent devenir fou: quand l'un accepte, le voisin refuse, puis le voisin accepte et c'est l'autre qui ne veut plus, ainsi de suite jusqu'à vingt-cinq. Après quoi on recommence. La route n'avance pas d'un centimètre... La seconde bataille de Normandie risque de durer plus longtemps que la première... »

Ce qui n'a pas empêché Saint-Barth de continuer à attirer encore nombre d'Américains et d'Européens plutôt fortunés qui ont ouvert le lieu à la plaisance, et par conséquent accueilli un autre type de marins: des gentlemen passionnés de voile, séduits par le plan d'eau, les conditions de navigation et les très luxueuses infrastructures offertes par l'île. L'histoire s'écrit désormais sous spi, avec les meilleurs marins du monde venant des quatre coins de la planète régater sous le soleil caribéen.

such as Rockefeller, who fell in love with the island in 1957 and quickly bought a large property there. The French globetrotter Jean Raspail, a connoisseur of this part of the world, tells this story in a colorful manner. "Isolated on his cape that could only be reached by boat, Mr. Rockefeller wanted to buy himself a road, equipped with a power line that would connect him to Gustavia. And there were twenty-five incredibly amused individuals, twenty-five landowning farmers who live along the path of that future road, who played tricks on him just for fun. Faced with a Norman trickster, even someone like a Rockefeller felt like he was losing his mind: when one of them would accept, the neighbor would refuse, then if that neighbor accepted theformer would refuse, and so on, up to the 25th person. Then the cycle would begin again. The road did not grow a single inch... The second battle of Normandy was liable to last much longer than the first..."

This did not stop St. Barths from continuing to attract rather wealthy Americans and Europeans, who opened the island up to yachting, bringing a new breed of seafarers: gentlemen with a passion for sailing, attracted by the water, sailing conditions and rather luxurious facilities offered by the island. Since then, history has been written under spinnaker, with the best sailors in the world coming from all over the planet to sail under the Caribbean sun.

2014 *Rambler* - Maxi
George David (USA)

RICHARD MILLE

S
2241
SPIRIT

2011 *Genuine Risk* - Super Yacht
Hugo Stenbeck (USA)

2015 *Phaedo* - Racing Multihulls
Lloyd Thornburg (USA)

ICHARD MILLE
PHÆDO
03

2013 *Vesper* - Maxi Racing
Jim Swartz (USA)

www.SIMON SPURR.tv

2011 *Genuine Risk* - Super Yacht
Hugo Stenbeck (USA)

2014 *Rambler* - Maxi
George David (USA)

2011 *Genuine Risk* - Super Yacht
Hugo Stenbeck (USA)

FUJINON

2013 *Voiles 44 Cava* - Spinnaker 2
Rodolphe Sepho (FRA)

2011 *Rambler 100* - Super Yacht
Ken Read (USA)

ESP
7396
RICHARD MILLE
RICHARD MILLE

USA
45
OMB
NED
8313
USA
61137
USA
60206

2011 *Puffy* - Racing
Patrick Demarchelier (USA)

SWAN
RICHARD MILLE
RICHARD MILLE

2012 *Firefly* - Maxi
Mark Van Gelderen (NED)

idea
LAZY DOG

2013 *Hamachi* - Spinnaker 1
Greg Slyngstad (USA)

2013 *Vesper* - Maxi Racing
Jim Swartz (USA)

2013 *Vesper* - Maxi Racing
Jim Swartz (USA)

2011 *Rambler 100* - Super Yacht
Ken Read (USA)

CAMET

YCCS
CAOL ILA
NEWPORT.RI

2014 *Caol Ila R* - Maxi
Alex Schaerer (USA)

Des bateaux et des hommes

Of boats and men

Les Voiles de St Barth ont réussi en quelques saisons à s'inscrire dans le calendrier du yachting caribéen et su attirer les meilleurs marins de la voile moderne, souvent engagés par ailleurs dans les autres compétitions les plus prestigieuses de l'olympisme ou de la Coupe de l'America, tels que Loïck Peyron, Lionel Péan, Bruno Troublé, ou encore Ken Read, Peter Holmberg, Cam Lewis et Terry Hutchinson pour ne citer qu'eux. Année après année, le plateau s'est étoffé, faisant la part belle aux grandes unités rapides telles que les Maxis et les multicoques qui régatent l'hiver dans la Caraïbe et participent pour la majeure partie d'entre eux aux autres régates majeures de la région. Selon Jim Swartz, fondateur d'Accel Partners et parrain d'une précédente édition de la manifestation, « la clé du succès des Voiles de St Barth tient dans le professionnalisme du comité et dans l'organisation de la course, par classes de bateaux. Proposer des parcours adaptés à chaque catégorie de voiliers permet d'attirer des professionnels de haut niveau, tout en laissant l'opportunité aux amateurs de participer. Cela fait des Voiles un événement de première classe, qui permet un haut niveau de compétition. »

It did not take long for Les Voiles de St Barth to become a must-attend event in the Caribbean yachting season and to attract the best sailors, often involved in the most prestigious international sailing circuits such as the America's Cup or the Olympics, including Loïck Peyron, Lionel Péan, Bruno Troublé, Ken Read, Peter Holmberg, Cam Lewis and Terry Hutchinson, to name just a few. The fleet has grown bigger year after year, with more and more Maxis and multihulls entering the competition. These big, fast boats are often involved in the other major regattas in the Caribbean. According to Accel Partners' founder and the sponsor of the fourth edition of the regatta Jim Swartz, "the race organization and race committee's professionalism is a key factor in the regatta's success. The courses are adapted to each series and therefore attract the most talented skippers, while also allowing amateur sailors to enter the competition. All these elements make Les Voiles a world class event with top-level competition".

2010 *Puffy* - Racing
Patrick Demarchelier (SBH)

TARG tWA
34
TWS
Hercules 2000
REACHING PC
95.4
34
TARG TWA

« Les Voiles de St Barth font partie de mes régates préférées de la Caraïbe. Depuis que les Voiles sont devenues un rendez-vous phare du calendrier caribéen, on y retrouve les meilleurs bateaux et équipages. C'est un événement vraiment parfait », confirme de son côté Peter Holmberg, vainqueur de l'America's Cup en 2007. En 2015, 70 bateaux se sont mesurés sous le soleil antillais.

Une compétition attractive

Ouverte aux unités modernes, la compétition accueille des équipages de tous horizons. Très internationale, la flotte qui rassemble plus d'un millier de marins représentant une vingtaine de nationalités est composée en égales proportions de Caribéens, d'Américains du Nord et du Sud et d'Européens, auxquels viennent s'ajouter quelques Australiens et Néo-Zélandais. Si Les Voiles de St Barth séduisent autant de marins, de riches propriétaires ou de leaders d'opinion qui font chaque année le déplacement, c'est qu'ils reconnaissent le niveau de la régate pour laquelle technicité et innovation sont les maîtres mots. À l'instar de ce qui se fait de mieux dans la course automobile, certains voiliers, comme *Sojana*, le ketch en carbone signé Farr Yacht Design de Peter Harrison, l'homme d'affaires britannique fondateur du syndicat anglais GBR Challenge pour l'America's Cup,

"Les Voiles de St Barth is one of my favorite events in the Caribbean. Les Voiles de St Barth has become one of the leading regattas in the Caribbean calendar. The best boats and crews take part, so there's good competition. It is really a great event", says 2007 America's Cup winner Peter Holmberg. A total of 70 boats entered the regatta in 2015, competing under the French West Indies' sun.

An attractive competition

Open to modern boats, the regatta welcomes crews from all over the world. The fleet is truly international and brings together more than a thousand sailors of 20 different nationalities, with equal proportions of Caribbean, European and North and South American sailors, along with a few Australians and New Zealanders. It is no surprise that Les Voiles de St. Barth attracts so many sailors, rich owners or opinion leaders, who come to St Barths to enjoy the perfect sailing conditions offered by the island and the high level of the competition.
Here, technical expertise and innovation are the watchwords, as in top-level motor racing. Some of the boats are built using high-tech, strong,

IRL
77777

2013 *Whisper* - Maxi
Mark Dicker (IRL)

sont construits à partir de matériaux composites high-tech, légers et résistants, tels que la fibre de carbone ou le titane et sont équipés de systèmes électroniques ultra-performants. *Comanche,* lancé en octobre 2014 après un an de construction dans le chantier Hogdon Yachts sur des plans VPLP Verdier est capable de flirter avec les 32 nœuds. Ce Maxi de 100 pieds à la coupe sportive se distingue par sa grande largeur, son mât très reculé, une bôme à l'aplomb du tableau arrière et par son plan de voilure à fort allongement. La faible hauteur du franc bord et les ballasts latéraux ont permis en outre de baisser de manière considérable le centre de gravité pour gagner en puissance. « On voit bien que la recherche est présente en permanence sur les bateaux, même sur les unités de croisière rapide, souligne Loïck Peyron. Les bateaux modernes bénéficient de technologies mises au point par les meilleurs cabinets d'architectes du monde. »

Ce n'est pas un hasard si l'on croise régulièrement sur les pontons de grands noms de la course au large. Chaque armateur est en effet très conscient de l'importance de s'attacher les services des meilleurs marins dont les compétences font la différence sur le plan d'eau pour tenter d'inscrire leur nom au palmarès de la compétition. Tous ces navigateurs ont marqué de leur empreinte l'histoire de la voile française et internationale et continuent de l'écrire aujourd'hui encore, sur une, deux ou trois coques.

lightweight composite materials such as carbon or titanium, and are equipped with high-performance electronic systems, such as *Sojana*, the ketch designed by Farr Yacht Design, owned by Peter Harrison, the British businessman and founder of the GBR Challenge syndicate for the America's Cup. *Comanche*, which was launched in October 2014 after one year of construction in the Hogdon Yachts shipyard based on VPLP Verdier plans, can reach almost 32 knots. This sporty-looking 100-foot Maxi stands out due to its great width, its set-back mast, a boom in line with the transom and its large sail area. The low freeboard height and the outboard ballasts have made it possible to significantly reduce the centre of gravity to gain power. "Research is ubiquitous on boats, even on fast cruising units", says Loïck Peyron. "Modern boats benefit from technologies developed by the best naval architects of the world".

Human skills also make a difference on the water. Each owner tries to attract the best skippers in order to try and win the regatta in its series. As such, it is not unusual to bump into great figures of offshore racing on the jettees. All of them have left their mark on international sailing, and continue to write history on one, two or three hulls.

2013 *Kick'em Jenny 2* - Spinnaker 2
Ian Hope-Ross (SXM)

2015 *Phaedo* - Racing Multihulls
Lloyd Thornburg (USA)

2012 *Vesper* - IRC
Jim Swartz (USA)

2013 *Varuna* - Maxi Racing
Jen Kellinghusen (GER)

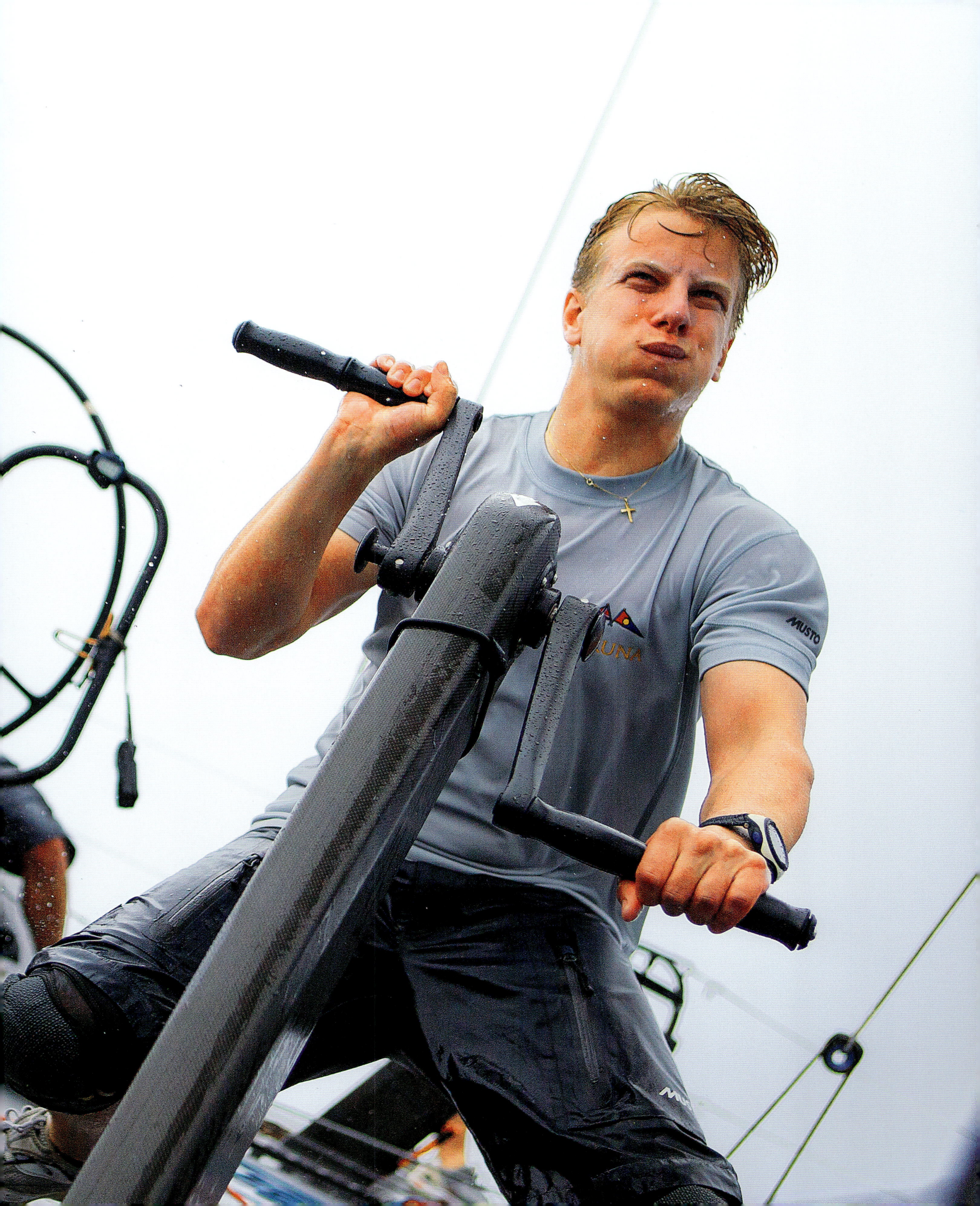
MUSTO

ANTIGUA-YACHT-PAINTING.

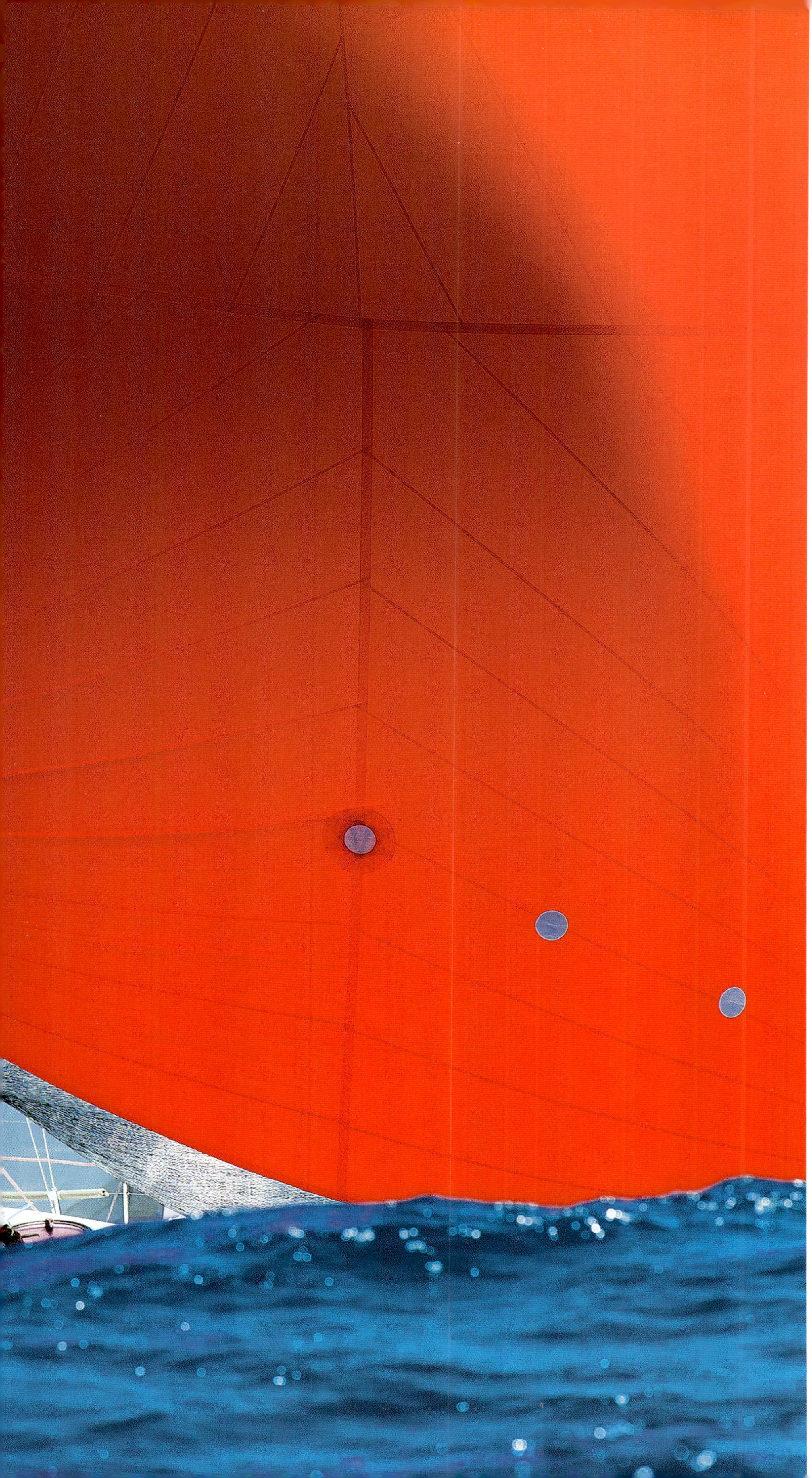

2015 *Taz* - Spinnaker 1
Bernie Evan-Wong (ANT)

2014 *Near Miss* - Spinnaker 0
Franck Noel (SUI)

RICHARD

2013 *Kick'em Jenny 2* - Spinnaker 2
Ian Hope-Ross (SXM)

USA
61007
BR 9481 R
FRA
www.gleeds.com

La mer, toujours recommencée...

The sea, always reinvented

Parmi les secrets bien gardés, il en est un de 24 km² situé entre la mer des Caraïbes et l'océan Atlantique au nord de l'arc antillais à la confluence entre Europe et Amériques. Sa rade naturelle, protégée de la houle, en fit l'un des lieux de mouillage les plus sûrs des Antilles, également propice à la pêche et au commerce... mais aussi à la flibuste puisque les pirates pouvaient opérer en quelque sorte à l'abri. Par la mer ou par les airs, l'arrivée à Saint-Barthélemy a toujours quelque chose de magique, et plus encore pour ceux qui empruntent pour la première fois l'un des petits avions d'une capacité maximum de 21 personnes, au départ de Saint-Martin ou de Pointe-à-Pitre. Apercevoir les côtes escarpées de l'île et les plages de sable blanc ourlées de palmiers et de cocotiers se dessiner à mesure que l'on approche de la piste d'atterrissage de 650 mètres de long, cernée d'un côté par la colline et de l'autre par la mer, reste un moment inoubliable et pour certains, impressionnant.

There is a well-kept secret that measures 24 km² in size nestled where the waters of the Caribbean Sea and the Atlantic Ocean meet, to the north of the West Indies arc, at the confluence between America and Europe. The little island's natural harbor is protected from the swell of the sea, making it one of the safest locations in the West Indies, perfect for fishing and trade... and, in days gone by, also for buccaneering, since pirates could operate from a relatively sheltered location.
Whether by boat or plane, arriving in St Barths is always magical, especially for those who fly in for the first time on one of the small 21-seater regional jets from Saint-Martin or Pointe-à-Pitre. Seeing the steep coast and white-sand beaches bordered with palms and coconut trees take shape as the plane approaches the 2,130-foot runway, flanked on one side by the hill and on the other by the turquoise waters, is an unforgettable moment.

« Un vrai pays »

Petit rocher volcanique au littoral accidenté baigné d'une eau turquoise mais préservé du tourisme de masse, Saint-Barth, loin des clichés, a su conserver tout son charme et son authenticité. Milliardaires, stars du show-business et descendants des colons – qui détiennent toujours la majeure partie de ce petit bout de terre doté du statut de collectivité d'Outre-Mer depuis 2007 – cohabitent en harmonie avec les pêcheurs et éleveurs de chèvres restés fidèles à « leur » île.

Températures agréables toute l'année oscillant entre 22 et 30 °C, boutiques et hôtels luxueux, dont sept cinq-étoiles et autres villas de charme se fondant dans le paysage, designers de vêtements locaux, gastronomie française raffinée ou créole considérée à Saint-Barth comme un véritable art de vivre, yachts aux dimensions de rêve battant tous pavillons amarrés dans le port de Gustavia, flore diversifiée composée entre autres de flamboyants, d'orchidacées, de canéficiers ou de gaïacs, auxquels s'ajoutent quelques plantes aquatiques telles que la jacinthe d'eau ou le nénuphar, Saint-Barth est l'expression élégante d'une réelle *dolce vita* sous les tropiques.

"A real country"

A small volcanic rock with a jagged coast surrounded by turquoise water, St. Barths has successfully preserved its charm and authentic character, away from mass tourism. Billionaires, show business stars and descendants of the first settlers – who still own most of this little piece of land , classed as a 'French overseas collectivity' since 2007 – mingle in perfect harmony on this little island, where fishermen and goat herders remain true to "their" island.

Saint Barths is the perfect expression of real dolce vita under the Tropics, with enjoyable weather all year round (temperatures ranging between 71 and 86°F), shops and luxury hotels, including seven 5* hotels and a number of charming villas which blend perfectly into the landscape, local clothing designers, refined French and Creole gastronomy reflecting the true lifestyle of St. Barts, large yachts from countries all over the world anchored in Gustavia's Harbor, a wide variety of flora including Royal Poinciana, orchids, golden shower tree or lignum vitae as well as aquatic plants such as water hyacinths or the water lilies.

Fidèle à son histoire, Saint-Barth se veut également maîtresse de son futur par la préservation de son caractère et de ses traditions. Sans doute est-ce l'écrivain martiniquais Raphaël Confiant qui donne la meilleure et la plus ambitieuse définition de l'île aussitôt après y avoir séjourné pour la première fois : « J'ai tout de suite senti (à ma grande stupéfaction) que les St-Barths constituaient un vrai peuple et que leur pays, pour petit qu'il soit, était un vrai pays. »

Atmosphères

Sans ses alizés, ses plages et ses mouillages de rêve, l'île serait pourtant sans nul doute privée de ses atouts majeurs qui font rêver Européens aussi bien qu'Américains.

Terrain de jeu privilégié pour les amateurs de voile, de surf à l'Anse des Cayes ou encore de kitesurf notamment dans le lagon peu profond de Grand-Cul-de-Sac ou sur les spots de Saint-Jean, de la baie de Lorient ou de celle du Toiny pour les riders aguerris, elle comble également ceux qui apprécient plages et paysages tropicaux.

Mouillage prisé par de nombreux plaisanciers, la plage de Colombier, nichée au cœur de la Réserve marine où évoluent en toute quiétude tortues, raies et langoustes, affiche calme et sérénité puisque l'on ne peut y accéder que par la mer ou par un petit sentier pédestre.

True to its past, St Barths also aims to control its future destiny by preserving its authenticity and its traditions. The native West Indies author Raphaël Confiant probably described the island the best after staying there for the first time: "To my amazement, I immediately felt that the people of St-Barths were a real population and that their country, no matter how small, was a real country."

Atmospheres

The trade winds, beaches and amazing harbors are undoubtedly the Island's major assets, making this a place of dreams for many Americans and Europeans.

It is a magnificent playground for fans of nautical sports of all kinds, such as sailing, surfing in Anse des Cayes, and kite-surfing in Grand-Cul-de-Sac lagoon – St Jean and the bays of Lorient and of Toiny are perfect for advanced riders. The island is also dotted with beautiful beaches and magnificent landscapes for nature lovers. Colombier beach is one of the most popular anchoring spots for boats. The beach is in the heart of the Marine Reserve where tortoises, rays and crayfish swim peacefully, projecting calm and serenity. Indeed, the beach is only accessible by sea or by a narrow walking trail.

La baie de Gustavia
Gustavia Bay

C'est aussi le lieu où se retrouvent organisateurs, équipages et bénévoles pour le traditionnel pique-nique de clôture des Voiles de St Barth. Très vivante avec ses nombreux restaurants, la plage de sable blanc de la baie de Saint-Jean, où le Carib Waterplay St Barth propose de s'initier au surf, au windsurf, au kayak ou à la voile, compte parmi les plus longs mais également les plus beaux rivages de l'île, comme l'est aussi l'Anse du Gouverneur, dont la légende raconte qu'elle recèlerait dans l'une de ses criques le trésor du célèbre pirate Monbars. Ce grand défenseur des Indiens d'Amérique qui s'est livré à une guerre sans merci contre les conquistadors espagnols aurait enfoui son trésor sur l'île, devenue son port d'attache. Pourtant, Jean Merrien, écrivain spécialiste de l'histoire maritime, raconte dans *Corsaires et flibustiers* que, « contrairement aux autres flibustiers, les trésors, le butin, les noubas, le jeu, même les femmes ne l'intéressaient pas. Ce qu'il voulait, c'était le sang espagnol ». Trésor ou pas, Monbars fait partie de la légende de l'île.

À Saint-Barth, la beauté des paysages terrestres ne doit pas faire oublier celle des fonds marins, jamais très profonds. Chaque baie a son récif, chaque îlet ses tombants et ses grottes abritant une multitude de poissons, anges de mer, tarpons, raies pastenagues, tortues et autres poissons tropicaux. Les plus jolies plongées se répartissent autour du Pain de Sucre au large de Gustavia, autour de la pointe de l'Âne Rouge, à Colombier ou encore autour de l'îlet Coco.

It is also the place where organizers, crews and volunteers gather on the closing day of Les Voiles de St Barth for the traditional picnic. The white sand beach of St. Jean has a lively atmosphere with its numerous restaurants and the Carib Waterplay St Barth club where you can go surfing, windsurfing, kayaking or sailing. It forms part of the most beautiful coastlines on the island, along with Governor's Bay, which according to legend hides the treasure of the pirate Monbars. He spent most of his life fighting against the Spanish conquistadors and defending the Americans Indians and it is rumored he may have buried his treasure in St Barths, which eventually became his homeport. However, in his book Corsaires and flibustiers, Jean Merrien, an author specialized in maritime history, explains that, "unlike other pirates, treasure, booty, parties, gambling and even women did not interest him. The only thing he wanted was Spanish blood". Treasure or not, Monbars is part of the island's legend.

In Saint Barths, the waters around the coast are never very deep and the beauty of the seabed echoes that of the landscapes. Each bay has its reef, each islet its abrupt slopes and caves filled with numerous species such as angelfish, bonefish, rays, turtles and a various tropical fish. The most beautiful dives are around the Pain de Sucre off Gustavia, around the cape of the Ane Rouge at Colombier and around Coco island.

2014 *White Rhino* - Spinnaker 2
Steve Cucchiaro (USA)

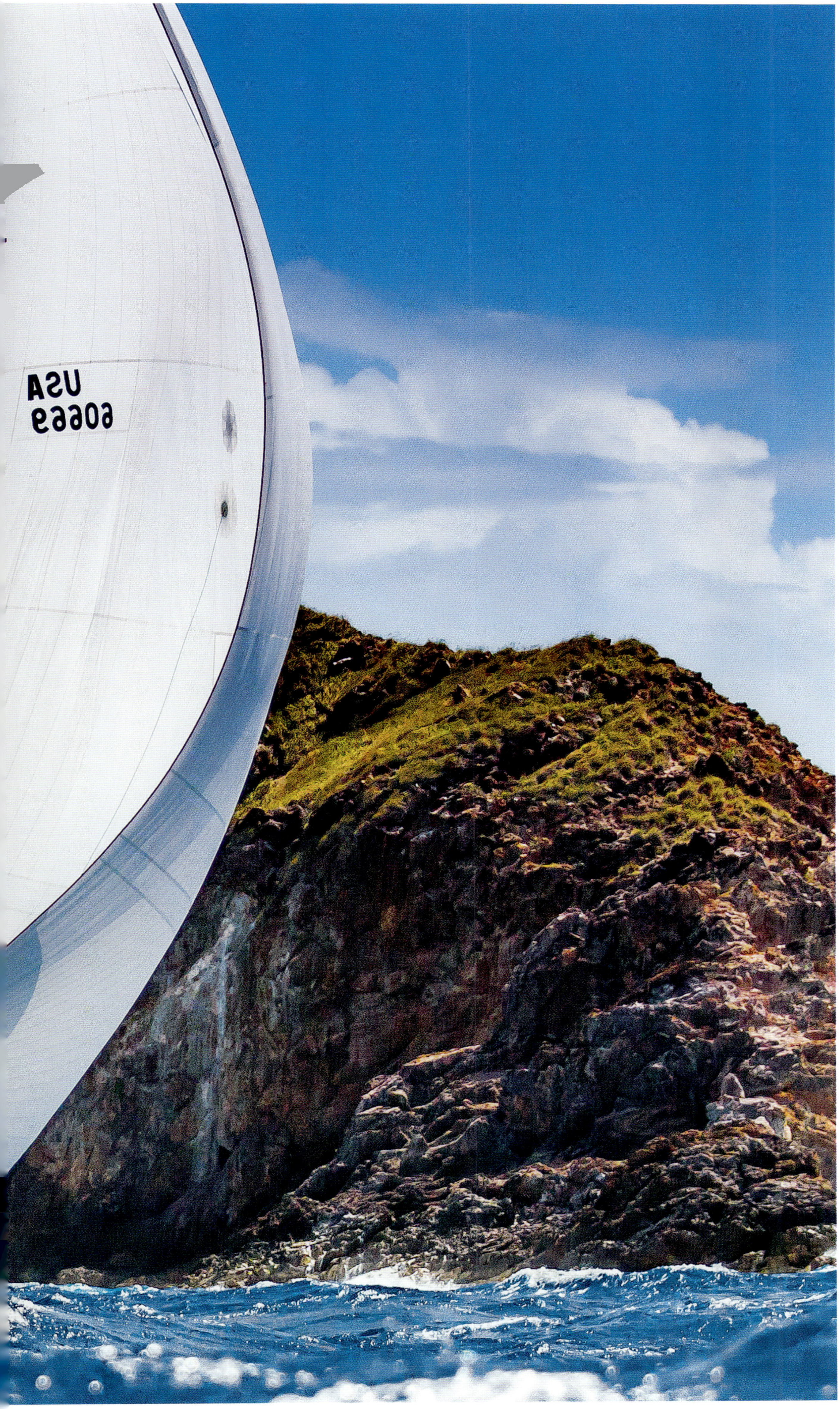

2014 *Caol Ila R* - Maxi
Alex Schaerer (USA)

2015 *Comanche* - Maxi
Jim Clark / Kristy Hinze Clark (USA)

HARKEN
HARKEN
HENRI LLOYD

F-OKCP
RICHARD MILLE

USA
25555

BDAF
Spirit

LES VOILES
AU FEMININ
7
GBR
4500N

SBH
26120
SXM
123

SWAN65.COM

2012 *Firefly* - Maxi
Mark Van Gelderen (NED)

USA
25555
rambler

2014 *Caol Ila R* - Maxi
Alex Schaerer (USA)

2013 *Budget Marine/Gill* - Melges 24
Andrea Scarabelli (SXM)

2013 *Vesper* - Maxi Racing
Jim Swartz (USA)

COMANCHE

2015 *Comanche* - Maxi
Jim Clark / Kristy Hinze Clark (USA)

2013 *Vesper* - Maxi Racing
Jim Swartz (USA)

RICHARD MILLE

2015 *Comanche* - Maxi
Jim Clark / Kristy Hinze Clark (USA)

BALEARIA.com

2014 *Balearia / Bigamist* - Spinnaker 0
T. Guiu / J. Bach (ESP)

2011 *Mariella* - Classiques
Carlo Falone (ITA)

2010 *Kate* - Classiques
Philip Walwyn (NED)

Une régate de gentlemen

A regatta for gentlemen sailors

Saint-Barth, qui compte parmi ses résidents bon nombre de fils et petits-fils de marins, de boucaniers et de pêcheurs, entretient depuis toujours une relation étroite avec la mer. Théâtre de nombreuses manifestations véliques telles que la traditionnelle parade de la New Year's Eve Regatta et la Saint-Barth Bucket Regatta, mais également d'arrivées de courses au large comme la Transat Classique, ou la Transat AG2R, l'île a renforcé sa présence dans le paysage du yachting international en créant en 2010 une nouvelle manifestation, Les Voiles de St Barth.

S'inspirant de ce qui se fait de meilleur dans le monde en matière de régates, François Tolède, alors membre du Comité du Tourisme également en charge de l'évènementiel au Saint-Barth Yacht Club, et Luc Poupon, marin émérite installé sur l'île depuis plus de trois décennies, ont donné naissance aux Voiles de St Barth, sous l'impulsion de la Collectivité de Saint-Barthélemy. Partant d'une page blanche, ils ont su imaginer un événement haut de gamme dans un cadre exceptionnel.

Many of St Barths' inhabitants are the children and grandchildren of sailors, buccaneers and fishermen and the island has always had a close relationship with the sea. St. Barth's already organized numerous sailing events such as the traditional New Year's Eve Regatta and the St Barths Buckett Regatta and played host to various race arrivals such as the Transat Classique or the Transat AG2R, and decided to further develop its presence on the international yachting scene by creating a brand new event in 2010, Les Voiles de St Barth.

Supported by the Overseas Collectivity of St Barthélemy, François Tolède – a former member of St Barths Tourism Committee also in charge of events at the Saint-Barth Yacht Club – and Luc Poupon, a well-known sailor who settled on the island nearly three decades ago, created Les Voiles de St Barth. Starting from scratch and drawing inspiration from the some of the world's best sailing competitions, they managed to create a high-end event in a heavenly place.

Si lors de sa première édition, la manifestation a encore des airs de régate entre copains, très vite elle réussit à séduire les grands noms de la voile, à l'instar de Peter Holmberg, vainqueur de la 32e America's Cup avec Alinghi. « J'ai été l'un des tout premiers skippers à être approché par Luc Poupon pour participer aux Voiles de St Barth, avance-t-il. Le concept m'a semblé très intéressant. J'ai souhaité soutenir le démarrage de cet événement. » Ou encore de Ken Read, président de North Sails : « Les conditions de navigation sont tout simplement fantastiques, exceptionnelles. Saint-Barthélemy entre sans conteste dans mon top 5 des endroits les plus formidables au monde pour naviguer. L'île est magnifique, le comité de course fait un travail étonnant et les conditions de navigation dépassent mes rêves les plus fous », s'enthousiasme l'ex-skipper de *Puma Ocean Racing* à l'issue de la première édition des Voiles de St Barth. Et quels meilleurs ambassadeurs que les marins les plus chevronnés pour attirer propriétaires et autres skippers de renom sur la régate ?

Rapidement, la manifestation prend de l'envergure et le plateau s'étoffe. Bien ancrée dans le yachting caribéen et désormais inscrite au calendrier de l'International Maxi Association mais également des propriétaires de mini-maxis au même titre que la Caribbean RORC 600, la semaine de Key West ou la Fastnet Race, la régate est devenue un moment sportif incontournable.

While the first event was reminiscent of a regatta amongst friends, it soon started to attract the best sailors in the world, including the 2007 America's Cup winner Peter Holmberg (Alinghi). "I was one of the first skippers approached by Luc Poupon to come to Les Voiles de St Barth," says Holmberg. "The concept seemed really interesting. It felt it only natural to support the launch of this event". "The sailing conditions are simply amazing. Saint-Barths is one of my top five spots for sailing in the world. The island is beautiful, the race committee's work is quite astonishing and the sailing conditions are beyond my wildest dreams", says Ken Read, the President of North Sails and former skipper of *Puma Ocean Racing*. What better ambassadors could the regatta have to attract boat owners and other skippers to the event?

It did not take long for the event to grow its reputation and attract more and more participants. Les Voiles de St. Barth is a key Caribbean yachting fixture and now part of the International Maxi Association and Mini-Maxis owner's calendars, along with the RORC 600, the Key West Week and the Fastnet Race. The regatta has become a must-attend sporting event.

Chaque printemps, les meilleurs marins de la planète voile convergent à Saint-Barth, juste avant le début de la saison méditerranéenne de yachting, pour se livrer à des duels d'anthologie. Les organisateurs reconnaissent avoir eu pour objectif de conjuguer compétitivité sur l'eau et convivialité à terre : « Les Voiles de St Barth, c'est un art de vivre, une façon d'être, un état d'esprit. Tout le monde est là pour se faire plaisir et faire plaisir aux amoureux de la mer. »

Des parcours subtils

Ouverte aux super yachts, voiliers classiques, de course, croisière et multicoques, la compétition affiche un concept simple : les 5 classes – maxis, ouverte aux voiliers prototypes ou de petite série de plus de 21 m alliant esthétisme, confort et technologie ; spinnaker, monocoques taillés pour la régate, construits majoritairement en carbone ou avec des matériaux composites ; non-spinnaker regroupant les unités ayant décidé de courir sans spi pour plus de facilité ; multicoques réunissant trimarans et catamarans légers et rapides de 20 à 70 pieds de moyenne et Melges 24, voiliers monotypes performants dotés de mât, tangon et voile de quille en carbone, nécessitant un équipage de 4 ou 5 personnes – s'affrontent 4 jours durant sur des parcours de 13 à 39 milles, entre la ligne de départ sous le vent de l'île dans la rade de Gustavia et celle d'arrivée dans la zone des Petits-Saints.

Each spring, just before the start of the Mediterranean yachting season, the world's top sailors fly gather in St. Barths for some adrenaline-packed racing. "Les Voiles de St Barths is a way of life, a state of mind. Everyone is here to have fun and to put on a great event for yachting fans", says the organizing team, whose aim is to combine competition at sea and conviviality on shore to create a perfect sailing event.

Subtle courses

Open to super yachts, classic boats, multihulls, racing and cruising boats, the regatta is based on a simple concept. There are five categories: maxis, open to prototypes or small series of more than 68 ft combining aesthetics, comfort and technology; spinnaker, open to racing monohulls mainly built in carbon or with composite materials; non-spinnaker, bringing together boats competing without a spinnaker; multihulls open to fast, lightweight 20 to 70 ft trimarans and catamarans and Melges 24, monotypes partly built in carbon requiring a crew of four or five persons. They compete for four days on 13 to 39 miles courses, with the start in Gustavia Bay and finish line in the Petits Saints area.

Le choix de ces parcours, adaptés à la géographie de l'île et aux catégories de bateaux engagés, est établi en fonction des conditions météorologiques la veille du départ. Et à Saint-Barth, où vent stable et soutenu, ciel d'azur, mer formée et houle puissante offrent des conditions de navigation idéales aux régatiers les plus exigeants, nul besoin de mouiller des bouées puisque sa quinzaine d'îlots laisse au directeur de course, Luc Poupon, la possibilité de concevoir des parcours variés entre mer des Caraïbes et côtes atlantiques, dévoilant à chaque virement de bord ou empannage de nouveaux paysages. « Les Voiles sont synonymes de belles navigations dans un lieu incroyable. Les parcours côtiers sont à la fois fun et très disputés, et demandent de nombreux changements de voiles et de manœuvres. Il faut également éviter les cailloux », avance Terry Hutchinson, champion du monde de TP 52 et de J24, qui compte trois participations à l'America's Cup à son actif. Un avis partagé par Bruno Troublé, l'ancien barreur du défi du baron Bich sur l'America's Cup et fondateur de la Louis Vuitton Cup, qui a participé à la première édition des Voiles à bord de *Spip*, CNB77 aux lignes fluides et puissantes signé Philippe Briand : « Le plan d'eau est très intéressant, tout comme les parcours. Il y a du près, du portant dans les alizés… En général, ça va vite et ça mouille. C'est très spectaculaire ! ».

The courses are adapted not only to the island's geography but also to the categories competing in the race. They are decided upon the day before the race depending on weather forecasts. In St Barths, where strong, steady winds, blue skies, and rough water with powerful swells offer perfect sailing conditions for the most demanding sailors, there is no need to lay out buoys to mark the courses. The 15 islets around the main island provide the race director, Luc Poupon, with numerous possibilities to design different courses between the Caribbean Sea and the Atlantic coast, unveiling new landscapes at each tack or jibe. "Les Voiles de St Barth is synonymous with great sailing in an incredible natural setting. The coastal racing provides some of the best fun. I found the racing to be really challenging, as it combines many the maneuvers and sail changes. The course also provides tough navigational challenges since we must also avoid rocks", says TP 52 and J24 world champion Terry Hutchinson, who competed three times in the America's Cup. A statement backed by Bruno Troublé, former helmsman of Baron Bich's syndicate for the America's Cup and the founder of the Louis Vuitton Cup, who competed at the first edition of Les Voiles de St Barth onboard *Spip*, a CNB 77 designed by Philippe Briand, featuring smooth and powerful waterlines: "The racing area is very interesting, and so are the race courses.

Saint Barth
RICHARD MILLE
JOLT 2
GBR4500N
Gaastra
PRO

« Il est important de bien lire le plan d'eau, surtout que celui de Saint-Barth, très venté, est assez particulier avec la houle qui arrive de l'Atlantique, le courant, les cailloux et le grand nombre de bateaux qui régatent ensemble. Tous les ingrédients sont réunis pour que la compétition soit intéressante, tant au niveau de la navigation que de la stratégie », confirme de son côté Marc Guillemot, champion du monde IMOCA en 2009.

Pendant la régate, les gentlemen navigateurs troquent leurs vêtements urbains contre shorts et tongs et se mêlent tous les matins aux centaines de marins qui s'affairent sur le quai Général-de-Gaulle avant que les bateaux ne quittent un à un le port de Gustavia. En mer, certaines des plus belles unités du monde se jaugent en tirant des bords avant que le comité de course ne donne le départ de la régate du jour. Le soir, après avoir offert un somptueux ballet maritime autour des côtes de l'île, les bateaux reprennent leurs quartiers dans le port et les voiles s'affaissent une à une alors que les équipages, très chic dans leurs tenues aux armes des propriétaires des navires, descendent à terre au rythme des bouchons qui sautent. Sur le Village, où tout le monde se connaît et se tutoie, les marins, coupe de champagne à la main, refont la régate avant d'aller partager leur repas dans l'une des bonnes tables de l'île.

There is upwind and downwind in the trade winds... Usually, the race is really fast and you get wet. It is spectacular!". "It is very important to get familiar with the race area, especially in St Bart's, which is exposed to strong winds. It is quite different with the swell coming from the Atlantic, the strong current, the rocks and all these boats sailing at the same time. It's the perfect blend to make the racing really exciting, from a strategic point of view", says Marc Guillemot, 2009 IMOCA world champion.

During the regatta, gentlemen sailors trade their fine business suits for shorts and flip-flops. Each morning, the Quai General-de-Gaulle is bustling with hundreds of sailors before the boats leave Gustavia's Harbor one after the other. At sea, some of the world's most beautiful yachts tack and jibe before heading to the start line. In the evening, after performing a magnificent nautical ballet around the island's shores, the boats anchor in Gustavia's harbor. Sails go down one after the other and the smartly dressed crews disembark to the sound of corks popping from bottles. In the Race Village, where everyone knows each other, sailors and owners talk about the regatta while drinking champagne, before heading to one of the finest restaurants on the island.

2013 *Heroina* - Classiques
Timothy Rutler (USA)

FRA
22
Voiles 44

PUFFY
NEWPORT RI

TACK

2011 *Puffy* - Racing
Patrick Demarchelier (USA)

2011 *Rambler 100* - Super Yacht
Ken Read (USA)

2010 *Sojana* - Super Yacht
Marc Fitzgerald (GBR)

SOJANA
COWES

2011 *Genuine Risk* - Super Yacht
Hugo Stenbeck (USA)

WHITE WINGS

2014 *Caol Ila R* - Maxi
Alex Schaerer (USA)

SUI
1957
CAY
80002

GBR
RICHARD MILLE
rambler

WILD HORSES
WILD HORSES
WILD HORSES
R.C.N.P.
NEWPORT
R.T.Y.C.

2010 *Wild Horses* - Classiques
Donald Tofias (USA)

2015 *Comanche - Maxi*
Jim Clark / Kristy Hinze Clark (USA)

COMANCHE
COMANCHE
George Town

2010 *White Wings* - Classiques
F. Rosenberg (USA)

Near Miss

2014 *Near Miss* - Spinnaker 0
Franck Noel (SUI)

2014 *Rambler* - Maxi
George David (USA)

USA
25555

SPERRY
TOP-SIDER
VARUNA

Six ans de Voiles

Six years of regattas

2010, une belle entrée en matière

Tous les ingrédients sont réunis pour faire de cette première édition des Voiles de St Barth un succès. Alizés musclés et houle puissante permettent aux 23 unités engagées dans les quatre classes en lice de valider chacune quatre parcours. La semaine est marquée par de belles joutes nautiques, dont une bataille entre *Sojana* et *Rambler 90* de George David, qui s'impose chez les Super Yacht après avoir dominé toutes les manches. Une victoire en guise d'hommage à Peter Doriean, décédé accidentellement à Saint-Martin quelques jours avant le coup d'envoi de la compétition. « Tout l'équipage s'est montré très professionnel tout au long des régates. Nous n'oublierons pas Peter. La vie continue », déclare alors le tacticien du bord Ken Read. Sur le podium, tous, à commencer par le parrain de la manifestation, le photographe Patrick Demarchelier, n'ont qu'un mot à la bouche, « *We'll be back* ».

2010, a great start

All the ingredients came together to make the first edition of Les Voiles de St Barth a great success. Strong trade winds and a powerful swell allowed the 23 boats registered in the four classes to complete four courses. There were some great duels during the week, including a tense battle between *Sojana* and George David's *Rambler 90*s, which won the Super Yacht, after dominating every leg. The victory was dedicated to Peter Doriean, who died following an accident in Saint Martin a couple of days before the start of the regatta. "All the crew members showed real professionalism during the regatta. We will never forget Peter. Life goes on," said Ken Read, *Rambler 90*'s tactician. At the winners' ceremony, everyone, including the photographer and sponsor of the event Patrick Demarchelier, agreed on one thing: they would all be back.

LES VOILES DE ST. BARTH
6-11 AVRIL 2010 FIRST EDITION
RICHARD MILLE
Banque des
Antilles Françaises
TAITTINGER
MOUNT GAY RUM

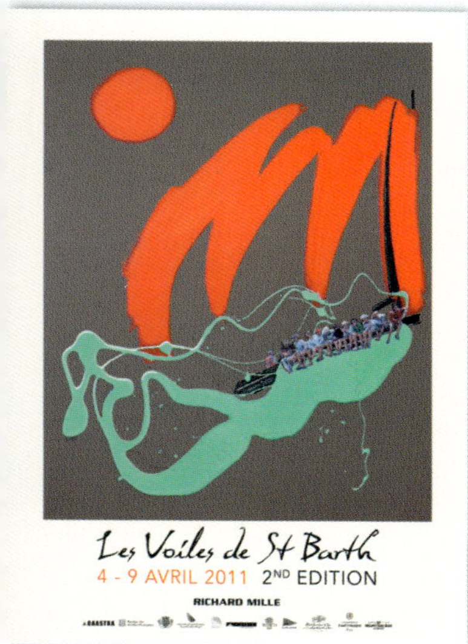

DES AFFICHES CONFIÉES À DES ARTISTES
OFFICIAL POSTERS CREATED BY ARTISTS

Il est apparu évident aux organisateurs de faire appel à des artistes liés d'une manière ou d'une autre à l'île pour créer les affiches de la manifestation. Le premier retenu fut, en 2010, Titouan Lamazou, poète et artiste, mais aussi premier vainqueur du Vendée Globe, qui dit s'être « juste appliqué à traduire le mélange de yachts futuristes et de beaux voiliers ». En 2011, lui succéda Pati Guyot. Voyageuse fixée à Saint-Barth, cette créatrice de lignes de vêtements lifestyle est également peintre sur céramique et sur toile. En 2012, c'est Antoine Heckly, un autre habitant de Saint-Barth, peintre autodidacte, éclectique et passionné, qui en connaît tous les paysages et les ciels changeants. Créative et autodidacte, Mapi (Marie-Pier Pautrot) s'est engagée dans l'aventure en proposant la charte graphique de l'événement et en assumant toute la production éditoriale. Depuis 2013, elle réalise les affiches officielles.

Asking artists with links to the Island to design the regatta's official posters seemed only natural to Les Voiles de St Barth's organizers. Titouan Lamazou, a poet, artist and the first winner of the Vendée Globe, designed the official poster for the first edition of Les Voiles de St Barth. "I just tried to find a way of expressing this mixture of futuristic yachts and elegant classic boats", Lamazou said. Pati Guyot, a clothing designer and painter, created the official poster for the regatta's second edition in 2011.The 2012 poster was made by Antoine Heckly, a self-taught artist and St Barths' resident who knew the island's landscapes and changing skies inside out. Finally, the creative, self-taught artist Mapi (Marie-Pier Pautrot) embraced the adventure and established a graphic charter for the event. She took charge of all the editorial production.
Since 2013, she has designed the official posters for the event.

Affiches des cinq premières éditions

Posters of the firsts
Five events

2011, George David domine chez les Maxis

Avec 41 bateaux inscrits en 2011, la régate entre copains transforme l'essai et prend une nouvelle dimension. Parrainée par le chanteur américain Jimmy Buffet, la semaine donne lieu à de belles passes d'armes entre les leaders de chaque classe qui tournent une nouvelle fois à l'avantage de George David *(Rambler 100)* dans la catégorie Super Yacht. Mené par l'équipage de *Puma Ocean Racing*, le géant signé Kouyoumdjian maîtrise aussi bien les parcours sinueux entre îlots et rochers que les longs runs autour de l'île et l'emporte de peu face à l'équipage américano-suédois de *Genuine Risk*, le bateau de l'académie de la Marine marchande américaine. Jim Swartz revient quant à lui épaulé par le barreur néo-zélandais Gavin Brady pour s'imposer à bord de son TP 52 *Vesper* dans le groupe Racing malgré un rating défavorable. « Cette régate est ma course préférée. La course, et ce petit morceau de France, avec son style et sa gastronomie. Le vent est stable, la mer est formée, d'un bleu exceptionnel », se réjouit l'homme d'affaires américain.

2011, George David king of the Maxis class

In 2011, the regatta "among friends" took on a new dimension, with 41 boats registered. Sponsored by the American singer Jimmy Buffet, the lead changed hands several times in each class of the regatta, with George David *(Rambler 100)* once again winning in the Super Yacht class. Well-managed by the *Puma Ocean Racing* crew, the yacht designed by Juan Kouyoumdjian negotiated the sinuous courses between islets and rocks as well as the long runs around and finished just ahead of the Swedish and American crew of *Genuine Risk*, the ship of the American Merchant Marine Academy. Jim Swartz returned, supported by the New Zealand helmsman Gavin Brady, to win the Racing class, despite an unfavorable rating. "This is my favorite regatta. I love the race and this tiny piece of France, with its lifestyle and its gastronomy. The wind is steady and the color of the sea is magical", said the American businessman.

2012, la montée en puissance

La manifestation, désormais considérée comme l'une des régates majeures de la Caraïbe et parrainée par le self-made-man britannique

2012, les Voiles de St Barth move to another level

Now considered as one of the major regattas in the Caribbean, sponsored by the British

Peter Harrison, monte en puissance avec 51 équipages professionnels et amateurs enregistrés. Le propriétaire du ketch de 115 pieds *Sojana* admire « l'endroit, l'impressionnante organisation, la qualité et l'aptitude des participants, et bien entendu son côté social avec la convivialité et les rencontres avec les autres équipages ». En mer, la flotte se livre de beaux duels avec un vent de 5 à 25 nœuds sur une mer plate, notamment dans la catégorie Maxis, dominée une nouvelle fois par George David, de retour à bord de *Rambler 90*. Du côté des IRC, la victoire revient à un autre TP 52, le *Mayhem* d'Ashley Wolfe. *Power-Play*, le TP 52 de Peter Cunningham signe une belle 3e place pour sa première participation. Chez les Classiques, et pour sa première participation également le yawl bermudien *Dorade* de l'Américain Matt Brooks s'impose devant *Mariella*.

2013, l'année de la maturité

Avec 63 équipages et 700 marins de 17 nationalités différentes, Les Voiles de St Barth, parrainées par Jim Swartz ont toujours le vent en poupe. Ponctuée par des journées particulièrement ventées et une mer souvent houleuse au vent de l'île, cette édition connaît son lot de spis déchirés et d'abandons mais sourit une nouvelle fois aux favoris, dont Jim Swartz (*Vesper*) qui domine sans partage la catégorie Maxi Racing avec cinq victoires en cinq courses.

business man Peter Harrison, the Voiles de St Barth continued to grow, with 51 professional and amateur crews registered this year. The owner of the 115-foot ketch *Sojana* explained how much he admired "the place, the impressive organization, the high level of entries and, naturally, the social side and the encounters with the other crews". At sea, the crews battled hard in a 5 to 25 knots wind on a rather flat sea, especially in the Maxis series, once again dominated by George David with *Rambler 90*. The IRC class was won by *Mayhem*, the TP 52 owned by Ashley Wolfe. Peter Cunningham's TP 52 *Power-Play* finished third on its first entry in the event. Also taking part for the first time, Matt Brooks' (USA) yawl *Dorade* beat *Mariella* in the Classic series.

2013, the year of maturity

Sponsored by Jim Swartz, Les Voiles de St Barth welcomed 63 crews and 700 sailors of 17 different nationalities. With strong trade winds blowing and whipping up four-to-six foot seas, the conditions took their toll on a few boats but did not upset the favorites, including Jim Swartz (*Vesper*), who dominated the Maxi Racing class with five wins out of five.

Affiche de l'édition 2015

Poster of 2015 edition

« Ce fut une semaine typique de Saint-Barth. Le vent s'est montré constant entre 15 et 17 nœuds toute la semaine. La mer s'est faite plus capricieuse, plus difficile à gérer surtout au vent de l'île. On est ici au paradis des marins. » Le Swan 80 *Selene* de Wendy Schmidt repart lui aussi invaincu chez les maxis.

2014, une édition sous le signe de la solidarité

Jamais Les Voiles de St Barth n'avaient proposé aux 68 équipages un aussi large panel de conditions de mer et de vent. Des petits Melges 24 aux coques planantes aux grands maxis à l'aise dans des vents soutenus, chacun s'est régalé sur des bords de près dans de la mer formée, des glissades au portant et des bords de reaching humides. La régularité paie à nouveau puisque les vainqueurs de chaque catégorie ont joué aux avant-postes tout au long de la semaine. Dès sa première participation, le mini maxi léger et surtoilé *Caol Ila R* d'Alex Schaerer réussit à priver George David du quadruplé. Soutenue par l'Institut du Cerveau et de la Moelle épinière (ICM) la manifestation se dote d'une dimension solidaire : « Nous sommes fiers et touchés de parrainer cet événement solidaire qui permettra de donner aux équipes de l'ICM les moyens d'une recherche d'excellence et qui permettra aux hommes du monde entier de rester libre », ont déclaré le Professeur Gérard Saillant et Jean Todt, membres fondateurs de l'ICM.

"This week was typical for St Barths with constant winds of 15-17 knots. The sea was unpredictable and difficult to manage particularly with winds coming off the island. It's a sort of sailor's paradise here", said Jim Swartz. Wendy Schmidt's Swan 80 *Selene*, competing in the maxis series, also left St Barths unbeaten.

2014, Solidarity, key-word of the 5th edition

The 5th edition of Les Voiles de St Barth provided the 68 crews with a variety of sea and wind conditions like never before. From the Melges 24 to the big Maxis, everyone enjoyed constant strong wind, tacking tight in high seas, splashed by the spray blown up by the wind. Once again, regularity was the keyword, since the winners in each category were in pole position throughout the week. The lightweight, large-sail Mini Maxi *Caol Ila R*, owned by Alex Schaerer, prevented George David from taking a fourth victory. Supported by the Brain and Spinal Cord Institute (ICM), this year's race embraced a social solidarity dimension: "We are proud to sponsor this event, which will support ICM's teams and help them in their research by raising funds, which will allow all the people of the world to remain free", said Professor Gérard Saillant and Jean Todt, founding members of ICM.

Les Voiles de St Barth

13 - 18 AVRIL 2015 6th EDITION

RICHARD MILLE
Partenaire Principal

GAASTRA
Partenaire Officiel

2015, en hommage à Florence Arthaud

Parrainée par Loïck Peyron et dédiée à Florence Arthaud, la 6e édition des Voiles de St Barth, rassemble 1 200 marins et 70 équipages, répartis en dix catégories. Parmi ces voiliers d'exception, *Comanche* de Jim Clark, qui participe pour la première fois à la régate caribéenne. Le duel très attendu dans entre le Super Maxi de 100 pieds mené par Ken Read et *Rambler 88* de George David tourne à l'avantage de ce dernier, qui s'impose à nouveau à Saint-Barth au classement cumulé de la classe Maxi, et remporte la RM 60-01 Chronographe Flyback Régate, premier modèle consacré à la navigation en haute mer de Richard Mille. « Je suis évidemment très content de notre victoire. Nous avons très bien navigué et nous avons réussi à battre *Comanche* en temps compensé. Bien sûr, il était devant en temps réel et j'avoue que je suis impressionné par leur vitesse », commente George David après sa victoire.

2015, in memory of Florence Arthaud

Sponsored by Loïck Peyron and dedicated to Florence Arthaud, the 6th edition of Les Voiles de St Barth brought together 1,200 sailors and 70 crews, in ten categories. Among the exceptional yachts on show was Jim Clark's *Comanche* which was taking part in the regatta for the first time. The eagerly-awaited duel between the 100-foot Super Maxi skippered by Ken Read and George Davis's *Rambler 88* was finally turned in favor of the latter, who once again won in the overall ranking of the Maxi class in St Barth, thereby winning the RM 60-01 Chronographe Flyback Regate watch, the first model devoted to high-sea navigation designed by Richard Mille. "I am obviously extremely happy to win," said George David. "We navigated really well and we managed to beat *Comanche* on compensated time. Of course, she was ahead in real time and I have to admit I am impressed by the boat's speed."

2013 *Varuna* - Maxi Racing
Jen Kellinghusen (USA)

HARKEN
HARKEN

2013 *Vesper* - Maxi Racing
Jim Swartz (USA)

2011 *Rambler 100* - Super Yacht
Ken Read (USA)

RAMBLER100
GEORGE TOWN

2013 *Dauphin Telecom* - Racing Multi
Erick Clement (SXM)

TELECOM
MOBILE INTERNET FIXE

USA
60618
GBR
6840R
TRI
247

J
122
USA
52902
GBR
8405R
FRA
35390

HARKEN

2014 *Caol Ila R* - Maxi
Alex Schaerer (USA)

2012 *Firefly* - Maxi
Mark Van Gelderen (NED)

2014 *Rambler* - Maxi
George David (USA)

RAMBLER

2014 *Rambler* - Maxi
George David (USA)

Palmarès et classes

Palmares and classes

Les classes en lice
Results and classes

MAXI

Le maxi yacht fait référence à un voilier prototype ou de petite série, alliant esthétisme, confort et doté de toutes les avancées technologiques développées récemment sur les voiliers de course au large. S'il n'existe pas de longueur spécifique pour désigner un maxi, 21 mètres semble être la longueur minimum retenue pour bénéficier de cette appellation.

IRC 52

La classe IRC 52 accueille les voiliers de course-croisière, les racers et les prototypes.

SPINNAKER

Cette classe regroupe des monocoques de course spécialement pensés pour la régate côtière ou hauturière. Généralement construits en carbone ou en matériaux composites, ils sont rapides et manœuvrants.
À noter également que leur imposante surface de voilure haut de gamme nécessite un équipage nombreux pour le rappel.
La classe Spinnaker est bien représentée en compétition et divisée en groupes en fonction du nombre de participants.

MAXI

Maxi yacht refers to a prototype or small series of boats featuring recently-developed technological improvements on offshore racing boats and combining aesthetics and comfort.
While there is no rule regarding the specific length of a Maxi, in practice the minimum length required for these boats seems to be 68 feet.

IRC 52

The IRC 52 class is open to racing-cruising yachts, racers and prototypes.

SPINNAKER

This class is open to monohulls designed for inshore and offshore racing.
These fast, maneuverable boats are mainly built using carbon and composite materials.
Their large high-tech sails require a large crew for hiking. The popular Spinnaker category is divided into groups, depending on the number of entries.

NON SPINNAKER

Cette classe définit les équipages qui ont décidé de concourir sans spinnaker pour plus de facilité. Les organisateurs confirment ainsi leur volonté d'ouvrir les Voiles de St Barth à tous les amateurs de yachting, depuis les plus expérimentés jusqu'aux néophytes. Sur le plan d'eau très sportif de Saint-Barthélemy, cette classe permet aux équipages les moins aguerris de régater néanmoins en toute sécurité au sein de la flotte.

MELGES 24

En 1995, Buddy Melges, vainqueur de l'America's Cup, décide de développer un bateau bénéficiant des dernières avancées technologiques afin de garantir aux régatiers les meilleures performances au près comme au portant.
En coopération avec le cabinet d'architecte californien Reichel/Pugh, il a ainsi créé un voilier monotype sur un circuit international de haut niveau. Révolutionnaire, le Melges 24 (7,52 m), monocoque mené par 4 ou 5 équipiers apporte de nombreuses innovations (mât, tangon et voile de quille en carbone.)
Ce bateau léger et performant est doté d'une importante surface de voile : 62 m^2 de spinnaker, 35,31 m^2 de grand-voile et 11,72 m^2 de foc.

MULTICOQUES

Cette classe réunit des multicoques de régate, trimarans ou catamarans, d'une longueur comprise entre 20 et 70 pieds en moyenne, très légers et rapides. Les Caraïbes ayant toujours accueilli avec bonheur cette classe, Les Voiles de St Barth se devaient de leur offrir une place.

NON SPINNAKER

This category is open to crews who decided to race without a spinnaker for more convenience. The organizers thus confirmed their desire to open Les Voiles de St Barth to all yachting enthusiasts, from occasional sailors to professional crews. This class allows the least experienced crews to compete safely with the rest of the fleet in the rather demanding waters of St Barths.

MELGES 24

Melges 24s are sailboats developed by the 1992 America's Cup winner Buddy Melges.
His idea was to create a boat benefiting from the latest technologies in order to guarantee the best upwind and downwind performances.
Built by the California-based naval architects Reichel/Pugh, he created a single-design boat.
Melges 24 (24 ft) are usually sailed by a crew of 4 or 5, and have a lot of innovations (carbon fiber mast, spar and keel fin).
The Melges 24 is a lightweight and high performance sports-boat with a large sail area: 670 sq ft asymmetrical spinnaker, a 264 sq ft mainsail and a 126 sq ft jib.

MULTIHULLS

This class is open to fast, lightweight 20 to 70-foot racing multihulls (catamarans and trimarans).
It was impossible for Les Voiles de St Barth not to invite them, as the Caribbean has always welcomed these boats with great pleasure.

Palmarès
Palmares

2015

a*

b*

c*

d*

e*

f*

g*

h*

i*

* Photos Credits Michael Graam

Maxi après quatre courses
Maxi group after four races

1. Rambler 88 [a] George David (USA) 5 pts
2. Comanche Jim Clark/Kristy Hinze Clark (USA) 17 pts
3. Lucky Bryon Ehrhart (USA) 18 pts

Spinnaker 0 après cinq courses
Spinnaker 0 after five races

1. Vesper [b] Jim Swartz (USA) 5 pts
2. Sorcha Peter Harrison (GBR) 13 pts
3. Spookie Steve Benjamin (ISV) 17 pts

Spinnaker 1 après quatre courses
Spinnaker 1 after four races

1. Lazy Dog [c] S. Sagramoso (PUR) 4 pts
2. Dingo Mark Chapman (TRI) 11pts
3. Fiser J.-M. Figueres (FRA) 17 pts

Spinnaker 2 après quatre courses
Spinnaker 2 after four races

1. Ramanessin [d] Eamonn Rohan (IRL) 6 pts
2. El Ocaso R. E. Wesslund (USA) 8 pts
3. Ventarron Alex Sastre (USA) 11 pts

Spinnaker 3 après quatre courses
Spinnaker 3 after four races

1. Music [e] J. Blakemore (RSA) 4 pts
2. Puffy P. Demarchelier (SBH) 12 pts
3. AronnaX Alain Charlot (SBH) 13 pts

Spinnaker 4 après quatre courses
Spinnaker 4 after four races

1. Martinique Première-Crédit Mutuel [f] Claude Granel (FRA) 8 pts
2. Zarafa P. Scholfield (GBR) 10.5 pts
3. Maelia R. Magras (SBH) 13.5 pts

Non Spinnaker après quatre courses
Non Spinnaker after four races

1. L'espérance [g] Sir Bobby Velasquez (SXM) 6 pots
2. Dutch Sailing Events Mark Saurens (NED) 9 pts
3. Nai'a Bob Beltrano (USA) 10 pts

Racing Multihulls après quatre courses
Racing Multihulls after four races

1. Phaedo [h] Lloyd Thornburg (USA) 4 pts
2. Paradox P. Aschenbrenner (USA) 13 pts
3. Elvis S. Cucchiaro (USA) 13 pts

Melges 24 après quatre courses
Melges 24 after four races

1. Budget Marine GILL [i] A. Scarabelli (SXM) 6 pts
2. GFA Caraibes Nicolas Gillet (FRA) 8 pts
3. Team Island Water World Frits Bus (SXM) 12 pts

2014

Maxi après cinq courses
Maxi group after five races

1.	Caol Ila R [a]	Alex Schaerer (USA)	6 pts
2.	Rambler	George David (USA)	17 pts
3.	Aragon	W. Van Nieuwland (NED)	17 pts

Spinnaker 0 après cinq courses
Spinnaker 0 after five races

1.	Near Miss [b]	Franck Noel (SUI)	6 pts
2.	Balearia/Bigamist	T. Guiu/J. Bach (ESP)	9 pts
3.	Otra Vez	William Coates (USA)	17 pts

Spinnaker 1 après quatre courses
Spinnaker 1 after four races

1.	Stark Raving Mad IV [c]	Jim Madden (USA)	6 pts
2.	Lazy Dog	S. Sagramoso (PUR)	7 pts
3.	Kick 'em Jenny 2	Ian Hope Ross (SXM)	14 pts

Spinnaker 2 après quatre courses
Spinnaker 2 after four races

1.	Affinity [d]	Jack Desmond (SXM)	6 pts
2.	White Rhino	S. Cucchiriaro (USA)	6 pts
3.	AronnaX	Alain Charlot (SBH)	15 pts

Spinnaker 3 après quatre courses
Spinnaker 3 after four races

1.	Ramanessin [e]	Eamonn Rohan (IRL)	4 pts
2.	J-Boss	Eddy Chalono (MAR)	10 pts
3.	Salona Racing Team	Alex Sastre (USA)	14 pts

Spinnaker 4 après quatre courses
Spinnaker 4 after four races

1.	Pocket Rocket	David Cullen (SBH)	8 pts
2.	Visiooptic	Claude Roth (FRA)	8 pts
3.	Maelia	Raphaël Magras (SBH)	9 pts

Non Spinnaker après quatre courses
Non Spinnaker after four races

1.	L'Espérance [f]	Robert Velazquez (SXM)	5 pts
2.	Hotel California Too	S. C. Schmidt (USA)	13 pts
3.	Speedy Nemo	R. Magras (SBH)	13 pts

Racing Multihulls après quatre courses
Racing Multihulls after four races

1.	SeaCart 26 Team All Stars [g]	Carl Hennix (SWE)	5 pts
2.	Elvis	Scott Bradford (USA)	12 pts
3.	Le Carré Rouge	Olivier Pilon (CAN)	17 pts

Melges 24 après quatre courses
Melges 24 after four races

1.	Lefort Clim [h]	Thierry Lefort (FRA)	9 pts
2.	Budget Marine/Gill	A. Scarbabelli (SXM)	11 pts
3.	Island Water World	Frits Bus (SXM)	13 pts

a

b

c

d

e

f

g

h

a*

b*

c

d*

e*

f*

g*

h

i*

* Photos Credits Tim Wright

2013

Classiques après quatre courses
Classic Group after four races

1. Heroina [a] — Timothy Rutler (USA) — 4 pts
2. Wild Horses — Donald Tofias (USA) — 9 pts
3. Saphaedra — Jamie Enos (USA) — 13 pts

Maxi après cinq courses
Maxi group after five races

1. Selene [b] — Wendy Schmidt (CAY) — 5 pts
2. Whisper — Mark Dicker (IRL) — 10 pts
3. Idea of London — Tony Mc Bride (GBR) — 15 pts

Maxi Racing après cinq courses
Maxi Racing group after five races

1. Vesper [c] — Jim Swartz (USA) — 5 pts
2. Varuna — Jen Kellinghusen (GER) — 11 pts
3. Selene — Wendy Schmidt (CAY) — 14 pts

Melges 24 après cinq courses
Melges 24 after four races

1. Budget Marine/Gill [d] — Andrea Scarabelli (SXM) — 8 pts
2. Team Island Water World — Frits Bus (SXM) — 13 pts
3. Lefort Clim — Thierry Lefort (FRA) — 18 pts

Racing Multi après quatre courses
Racing Multihulls after four races

1. Paradox [e] — P. Aschenbrenner (USA) — 6 pts
2. Dauphin Telecom — Erick Clement (SXM) — 7 pts
3. Plan d'Enfer YCSF — Bruno Escales (FRA) — 14 pts

Non Spinnaker après quatre courses
Non spinnaker after four races

1. L'Espérance [f] — Robert Velasquez (SXM) — 6 pts
2. Shamrock VII — Thomas Mullen (USA) — 12 pts
3. High Tension — B. Evan-Wong (ANT) — 13 pts

Spinnaker 1 après cinq courses
Spinnaker 1 after five races

1. Music [g] — James Blakemore (GBR) — 8 pts
2. Defiance — Steve Cucchiaro (USA) — 10 pts
3. Arethusa — Philip Lotz (USA) — 18 pts

Spinnaker 2 après cinq courses
Spinnaker 2 after five races

1. Lazy Dog [h] — Sergio Sgaramoso (PUR) — 6 pts
2. Ramanessin — Eamonn Rohan (IRL) — 9 pts
3. Northern Child — Ch. Reynolds (GBR) — 15 pts

Spinnaker 3 après cinq courses
Spinnaker 3 after five races

1. Crédit Mutuel Martinique Première [i] — A. Kochanski (MAR) — 6 pts
2. Maelia — Raphaël Magras (SBH) — 9 pts
3. Speedy Nemo — R. Magras (SBH) — 17 pts

2012

Classiques après quatre courses
Classic group after four races

1. Dorade [a] — Matt Brooks (USA) — 4 pts
2. Mariella — Carlo Falcone (ITA) — 8 pts

IRC après quatre courses
IRC group after four races

1. Mayhem [b] — Ashley Wolfe (CAN) — 7 pts
2. Vesper — Jim Swartz (USA) — 8 pts
3. Power Play — P. Cunningham (USA) — 9 pts

Maxi de + 21 m après quatre courses
Maxi > 21 m after four races

1. Rambler 90 [c] — George David (USA) — 4 pts
2. Nilaya — Filip Balcaen (GBR) — 10 pts
3. Selene — Team Selene (CAY) — 13 pts

Multicoques après quatre courses
Multihulls group after four races

1. Paradox [d] — P. Aschebrenner (CAY) — 6 pts
2. Phaedo — Lloyd Thornburg (FRA) — 6 pts
3. Rayon Vert Ville de St François — Alain Delhumeau (FRA) — 13 pts

Non spinnaker après quatre courses
Non spinnaker after four races

1. Shamrock VII [e] — Thomas Mullen (USA) — 11 pts
2. High Tension — B. Evan-Wong (ANT) — 13 pts
3. Alpha Centauri — Bruno Chardon (ITA) — 13 pts

Spinnaker 2 après quatre courses
Spinnaker 2 after four races

1. Defiance [f] — Clay Deutsch (BVI) — 5 pts
2. Decision — Stephen Murray (USA) — 7 pts
3. Affinity — Jack Desmond (USA) — 12 pts

Spinnaker 1 après quatre courses
Spinnaker 1 after four races

1. Coors Light [g] — Frits Bus (SXM) — 6 pts
2. Lazy Dog — S. Sagramoso (PUR) — 6 pts
3. Mae-Lia — Raphaël Magras (SBH) — 20 pts

2011

Classiques après quatre courses
Classic group after four races

1. Mariella [h] — Carlo Falone (ITA) — 4 pts
2. White Wings — Farady Rosenberg (USA) — 8 pts
3. Kate Dutch Sailing Team — Philip Walwyn (WI) — 12 pts

Multicoques après quatre courses
Multihulls group after four races

1. Fat Cat [i] — John Winter (USA) — 4 pts
2. Bordelo — S. Penigaud (SBH) — 12 pts
3. Dauphin Telecom — Erik Clement (SXM) — 13 pts

a

b

c

d

e

f

g

h

i

Racing après quatre courses
Racing group after four races

1.	Vesper [a]	Jeff Price (USA)	5 pts
2.	Antilope	Willem Wester (NDL)	7 pts
3.	Speedy Nemo	Raymond Magras (SBH)	16 pts

Racing Cruising après quatre courses
Racing Cruising group after four races

1.	Nix [b]	Nico Cortlever (NDL)	8 pts
2.	Lost Horizon	James Dobbs (ANT)	10 pts
3.	Black Hole	Jeroen Hin (GBR)	13 pts

Super Yacht après quatre courses
Super yacht group after four races

1.	Rambler 100 [c]	Ken Read (USA)	5 pts
2.	Genuine Risk	Hugo Stenbeck (USA)	7 pts
3.	Sojana	M. Fitzgerald (GBR)	12 pts

a

b

c

d

e

f

g

h

2010

Classiques après quatre courses
Classic group after four races

1.	Wild Horses [d]	Donald Tofias (USA)	5 pts
2.	White Wings	F. Rosenberg (USA)	7 pts
3.	Duende	Randy West (SBH)	14 pts

Multicoques après quatre courses
Multihulls group after four race

1.	Escapade [e]	Greg Dorland (USA)	5 pts

Racing après quatre courses
Racing group after four races

1.	Lost Horizon [f]	J. Dobbs (Antigua)	4 pts
2.	Puffy	P. Demarchelier (SBH)	8 pts
3.	Black Hole	Jeroen Hin (GBR)	15 pts

Racing Cruising après quatre courses
Racing Cruising group after four races

1.	L'Espérance [g]	Robert Velasquez (SXM)	4 pts
2.	Speedy Nemo	Raymond Magras (SBH)	8 pts
3.	Pocket Rocket	David Cullen (IRL)	12 pts

Super Yacht après quatre courses
Super yachts group after four races

1.	Rambler [h]	George David (USA)	5 pts
2.	Sojana	Marc Fitzgerald (GBR)	8 pts
3.	Moneypenny	James Swartz (USA)	11 pts

RAMBLER
YORK NY

2010 *Puffy* - Racing
Patrick Demarchelier (SBH)

2015 *Rambler 88* - Maxi
George David (USA)

2014 *True* - Spinnaker 0
Leo Van Den Thillart (USA)

2013 *Vesper* - Maxi Racing
Jim Swartz (USA)

2014 *True* - Spinnaker 0
Leo Van Den Thillart (USA)

RICHARD MILLE

2015 *Sorcha* - Spinnaker 0
Peter Harrison (USA)

COMANCHE

2015 *Comanche* - Maxi
Jim Clark / Kristy Hinze Clark (USA)

2015 *Rambler 88* - Maxi
George David (USA)

mbler
WPORT.RI
MILLE

2011 *Mariella* - Classiques
Carlo Falone (USA)

2014 *Caol Ila R* - Maxi
Alex Schaerer (USA)

888
888
tra
GBR
115
HIGHLAND BREEZE

IRL
7777

SELENE
GEORGE TOWN C.I.
Whisper

2013 *Vesper* - Maxi Racing
Jim Swartz (USA)

2013 *Varuna* - Maxi Racing
Jen Kellinghusen (USA)

SPERRY
TOP-SIDER

2015 *Comanche* - Maxi
Jim Clark / Kristy Hinze Clark (USA)

2014 *Caol Ila R* - Maxi
Alex Schaerer (USA)

2015 *Rambler 88* - Maxi
George David (USA)

52821

ICHARD MILLE
MILLE

2015 *Rambler 88* - Maxi
George David (USA)

RAMBLER
NEWPORT, RI

GrantThornton
ideasailingclub.com
idea

2011 *Genuine Risk* - Super Yacht
Hugo Stenbeck (USA)

Après la course

After the race

1

2

3

4

5

6

7

8

1. *Varuna* à quai dans le port de Gustavia, 2013
Varuna docked in Gustavia's harbor, 2013
2. Peter Harrison à bord de *Jolt 2*, 2014
Peter Harrison onboard *Jolt 2*, 2014
3. Luc Poupon, directeur de course, et François Tolède, directeur de l'organisation des Voiles de St Barth, 2014
Race director Luc Poupon and François Tolède, organization director of Les Voiles de St Barth François Tolède, 2014
4. Yachts dans le port de Gustavia, 2012
Yachts in Gustavia's harbor, 2012
5. Un équipage lors du « day off »
A team during the "day off"
6. Le quai Général-de-Gaulle à Gustavia, 2014
Gustavia's Général-de-Gaulle's dock, 2014
7. Trophée de la classe maxi, exposé sur le Village de la course, 2010
Maxi class' trophy exhibited at the race village, 2010
8. Bertrand de Broc et quelques équipiers à bord de *Pampero*, 2014
Bertrand de Broc and a couple of crew members onboard *Pampero*, 2014

9

10

11

12

9. Compétition de paddle pendant le « day off », 2012
Paddle competition during the "day off", 2012

10. Le Village de la course à Gustavia, 2013
The race village in Gustavia, 2013

11. Fanions aux couleurs des sponsors, 2013
Sponsors flags, 2013

12. Détente au Nikki Beach pendant le « day off », 2014
Leisure time at Nikki Beach during "day off", 2014

13. Membres de l'organisation plaçant une bouée, 2012
Organization members placing a buoy, 2012

14. Jean Couadou, Xavier Marchal et Paul Bastard (de gauche à droite), 2014
Jean Couadou, Xavier Marchal and Paul Bastard (from left to right), 2014

15. Mowgli Fox entrant dans le port après la régate à bord du Requin *L'Ile de St Barth*, 2010
Mowgli Fox's Requin *L'Ile St Barth* heading back to the harbor after the regatta, 2010

13

14

FRA 479

Cet ouvrage a été réalisé sous la direction d'Aymeric Mantoux
Published under the direction of Aymeric Mantoux

Coordination éditoriale : Sylvie Poignet
Conception graphique, mise en page PAO :
Camille Delahousse et François Meunier
Editorial coordination: Sylvie Poignet
Graphic design, Layout and Computer Graphics:
Camille Delahousse and François Meunier

Fabrication : Bernard Champeau
Photogravure : ApeXGraphic, Paris
Production: Bernard Champeau
Photoengraving: ApeXGraphic, Paris

Achevé d'imprimer le quatrième trimestre deux mille quinze
sur les presses de l'imprimerie Clerc, à Saint-Amand-Montrond, France
Printed in the fourth quarter of two thousand and fifteen
by Imprimerie Clerc in Saint-Amand-Montrond, France